essentials

Essentials liefern aktuelles Wissen in konzentrierter Form. Die Essenz dessen, worauf es als „State-of-the-Art" in der gegenwärtigen Fachdiskussion oder in der Praxis ankommt, komplett mit Zusammenfassung und aktuellen Literaturhinweisen. Essentials informieren schnell, unkompliziert und verständlich

- als Einführung in ein aktuelles Thema aus Ihrem Fachgebiet
- als Einstieg in ein für Sie noch unbekanntes Themenfeld
- als Einblick, um zum Thema mitreden zu können.

Die Bücher in elektronischer und gedruckter Form bringen das Expertenwissen von Springer-Fachautoren kompakt zur Darstellung. Sie sind besonders für die Nutzung als eBook auf Tablet-PCs, eBook-Readern und Smartphones geeignet.

Essentials: Wissensbausteine aus Wirtschaft und Gesellschaft, Medizin, Psychologie und Gesundheitsberufen, Technik und Naturwissenschaften. Von renommierten Autoren der Verlagsmarken Springer Gabler, Springer VS, Springer Medizin, Springer Spektrum, Springer Vieweg und Springer Psychologie.

Jonas Gobert

Widerstand gegen Großprojekte

Rahmenbedingungen, Akteure
und Konfliktverläufe

Dr. Jonas Gobert
Frankfurt am Main
Deutschland

ISSN 2197-6708   ISSN 2197-6716 (electronic)
essentials
ISBN 978-3-658-12308-6   ISBN 978-3-658-12309-3 (eBook)
DOI 10.1007/978-3-658-12309-3

Die Deutsche Nationalbibliothek verzeichnet diese Publikation in der Deutschen Nationalbibliografie; detaillierte bibliografische Daten sind im Internet über http://dnb.d-nb.de abrufbar.

Springer VS

Gedruckt auf säurefreiem und chlorfrei gebleichtem Papier

Springer Fachmedien Wiesbaden ist Teil der Fachverlagsgruppe Springer Science+Business Media
(www.springer.com)

Was Sie in diesem *essential* finden können

- Die wichtigsten rechtlichen Rahmenbedingungen der Planung und Genehmigung von Großvorhaben in verständlicher Sprache und mit Übersichtsgraphik
- Eine Analyse der zentralen Akteursgruppen inklusive ihrer Organisationsstrukturen, ihrer Handlungslogik und ihrer politischen Strategien
- Eine Übersicht der Instrumente des Widerstands und ihrer Wirkung
- Eine Analyse der zentralen Argumentationen in den Konflikten und ihrer Rezeption in den Medien
- Anschauliche Fallbeispiele

Inhaltsverzeichnis

Einleitung 1

In der Baden-Württembergischen Landeshauptstadt rollen mittlerweile die Bagger. Die grün-rote Landesregierung hatte im November 2011 das Volk über das Schicksal von Stuttgart 21 entscheiden lassen. 58,9 % der Wähler sprachen sich für das Projekt aus. Der Protest ist seither abgeebbt, doch die Sorgenfalten bleiben. Zu groß waren die Verständigungsprobleme und weltanschaulichen Differenzen zwischen Behörden, Politik und Protestbewegungen. In vielen laufenden Planungsverfahren zu Großvorhaben sind die Zustände nach wie vor für alle Akteure unbefriedigend: Die Projektträger klagen über explodierende Kosten und eine große Unsicherheit bei Investitionen. Die Bürgerinnen und Bürger sehen ihre Interessen durch die politischen Institutionen nicht ausreichend berücksichtigt und fordern bessere Möglichkeiten der Mitgestaltung. Die überlasteten Behörden klammern sich an die Gesetze und reiben sich doch zwischen den Fronten auf. Ob das 2013 verabschiedete Planvereinheitlichungsgesetz oder die zahlreichen Beteiligungshandbücher die Lage langfristig verbessern können, wird sich erst zeigen. Dabei könnten zügige Planungsverfahren von Großprojekten mit einem nachhaltigen Interessenausgleich kaum wichtiger sein. Denn sollte die Optimierung der Verfahren nicht gelingen, drohen gleich zwei Krisen. Erstens eine Krise der repräsentativen Demokratie mit weiterem Vertrauensverlust in die politischen Entscheidungszentren. Zweitens eine Krise des der reformbedürftigen Wirtschaft, in der notwendige Infrastrukturprojekte nicht umgesetzt werden.

© Springer Fachmedien Wiesbaden 2016

J. Gobert, *Widerstand gegen Großprojekte*, essentials,

DOI 10.1007/978-3-658-12309-3_1

Je früher, desto besser – Der Genehmigungsprozess und Ansatzpunkte des Widerstands

2

Die Zulassung von Großprojekten vollzieht sich vor allem auf der Landesebene oder niedrigeren politischen Ebenen (Ausnahmen: Netzentwicklungsplan und Verkehrswegeplan auf Bundesebene). In den meisten Verfahren sind Landesbehörden oder Bezirksregierungen, sofern das entsprechende Bundesland in Regierungsbezirke unterteilt ist, zuständig. In den Regelungsdetails dieser komplexen Verfahren gibt es im Föderalismus der Bundesrepublik Deutschland große Unterschiede zwischen den einzelnen Bundesländern und auch zwischen den einzelnen Regelungsbereichen. So unterscheiden sich die Genehmigungsmodalitäten in Baden-Württemberg von denen in Sachsen und Verfahren für Verkehrswege von denen für Stromnetze. Die folgenden Darstellungen beschreiben einen „Normalfall", den es so nicht gibt. Für eine genaue rechtliche Analyse konkreter Beteiligungsverfahren müssen das jeweilige Landesrecht und die Gesetzes des jeweiligen Bereiches konsultiert werden.

In bestimmten Bereichen gibt es das übergeordnete Verfahren der **Bedarfsplanung**; das gilt insbesondere für die Planung des Stromnetzes (Netzentwicklungsplan) und der Straßen (Bundesverkehrswegeplan). Ansonsten ist die **Raumordnungsplanung**, in der die Raumfunktionen für größere Gebietseinheiten festgelegt werden, die frühste Planungsstufe mit projektbezogenen Vorwirkungen. In der Raumordnungsplanung werden beispielsweise Vorranggebiete für Windenergieanlagen, Siedlungsgebiete oder mögliche Trassenverläufe für Straßen festgelegt. Die Raumordnung wird durch ein gestuftes System auf europäischer, Bundes-, Landes- und Ortsebene geplant. Auch wenn Raumentwicklungsleitlinien von der Europäischen Union vorgegeben und die Energiewende auf Bundesebene geplant wird, so ist die wichtigste Ebene der Raumordnungsplanung doch die Landesebene. Dort erarbeiten die Landesplanungsbehörden in Zusammenarbeit mit Landesregierung und Landtag die Landespläne. In allen umweltbedeutsamen Planungsverfahren – und Bundesverkehrswegeplanung oder Raumordnungsplanung auf Landesebene

© Springer Fachmedien Wiesbaden 2016
J. Gobert, *Widerstand gegen Großprojekte*, essentials,
DOI 10.1007/978-3-658-12309-3_2

3

sind immer umweltbedeutsam – wird eine Strategische Umweltprüfung (SUP) durchgeführt. Zentrales Element der SUP ist der Umweltbericht, in dem von der Planungsbehörde die zu erwartenden Umweltauswirkungen der Planung sowie vernünftige Planungsalternativen beschrieben und bewertet werden. (Umwelt-) Verbände, die Öffentlichkeit und weitere Behörden werden an der Erstellung des Berichts beteiligen (in Tab. 2.1 werden alle Verfahrensschritte der Genehmigungsprozesse von Großprojekten und Beteiligungspunkte zusammengefasst).

Das **Raumordnungsverfahren** (ROV) ist der erste Schritt für die Zulassung eines konkreten Projekts. Im ROV prüfen die zuständigen Behörden die Übereinstimmung von größeren Projekten mit den Zielen und Grundsätzen der Raumordnungsplanung. Die Prüfung erfolgt auf Grundlage detaillierter Planungsunterlagen, die der Projektträger einreicht. Die Öffentlichkeitsbeteiligung im ROV ist

Tab. 2.1 Verfahrensschritte & Interventionspunkte

Verfahrensebene	Funktion/ Entscheidungsinhalte	Interventionspunkte
Bedarfs- oder Raumordnungsplanung	Zielbedarfe im Hinblick auf gesamtwirtschaftlichen Nutzen bzw. Raumfunktionen für größere Gebietseinheiten werden festgelegt	Ggf. Beteiligung in Strategischen Umweltprüfung (SUP) Ggf. andersartige Öffentlichkeitsbeteiligung
		Gebot zur frühzeitigen Öffentlichkeitsbeteiligung durch den Projektträger
Raumordnungsverfahren	Erster Schritt in Zulassung eines Projekts Konformität von Projekt mit Grundsätzen des Raumordnungsplans wird geprüft	Ggf. Beteiligung im Rahmen der Umweltverträglichkeitsprüfung (UVP)
		Gebot zur frühzeitigen Öffentlichkeitsbeteiligung durch den Projektträger
Planfeststellungsverfahren	Auf Grundlage konkreter Entwurfsplanung wird über Rechtmäßigkeit des Projekts entschieden	Beteiligung in Anhörungsverfahren durch verfahrensführende Behörde Ggf. Beteiligung im Rahmen der Umweltverträglichkeitsprüfung (UVP)
Planfeststellungsbeschluss		Möglichkeit der Klage vor dem zuständigen Verwaltungsgericht

in den meisten Ländern fakultativ (Raumordnungsgesetz § 15, 3), d. h. nicht zwingend vorgeschrieben. Eine zwingende Öffentlichkeitsbeteiligung gibt es nur, wenn die Art und Größe des Projekts es „umweltbedeutsam" machen. In diesem Fall verpflichtet die verfahrensführende Behörde den Projektträger dazu, bereits vor Beginn des eigentlichen Raumordnungsverfahrens eine **Umweltverträglichkeitsprüfung** (UVP) durchzuführen und die Ergebnisse mit den restlichen Projektunterlagen einzureichen. In der UVP wird geprüft, welche schädlichen Auswirkungen das Projekt auf die menschliche Gesundheit sowie die Natur hat bzw. haben kann. In diesem Prozess werden Behörden, Verbände und die Öffentlichkeit beteiligt.

Auf das Raumordnungsverfahren folgt das eigentliche Zulassungsverfahren. Auch hier ist Art und Größe des Projekts ausschlaggebend für den Verfahrensweg und damit auch für den Umfang der Öffentlichkeitsbeteiligung. Kleine Projekte werden in **einfachen Genehmigungsverfahren** behandelt, in denen keine Öffentlichkeitsbeteiligung vorgeschrieben ist. Größere Projekte werden in **Planfeststellungsverfahren** (PFV) behandelt. Die Planfeststellungsbehörde, meist die Bezirksregierung, prüft im Planfeststellungsverfahren alle betroffenen Belange und erlässt, wenn das geplante Vorhaben alle rechtlichen Voraussetzungen erfüllt, den Planfeststellungsbeschluss. Der Planfeststellungsbeschluss ist eine Art „Baugenehmigung" für das Vorhaben. Die Öffentlichkeitsbeteiligung ist im Planfeststellungsverfahren obligatorisch, d. h. sie ist zwingend vorgeschrieben. Sie erfolgt nach dem aufgeführten dreistufigen Schema (siehe weiter unten). Auch im Rahmen des PFV kann der Vorhabenträger nochmals zu einer **Umweltverträglichkeitsprüfung** verpflichtet werden. Sofern im Raumordnungsverfahren bereits eine UVP durchgeführt wurde, kann die die Prüfung der Umweltverträglichkeit im PFV auf zusätzliche oder andere erhebliche Umweltauswirkungen des Vorhabens beschränkt werden. Auch hier werden die UVP frühzeitig in Auftrag gegeben sowie Verbände, Öffentlichkeit und weitere Behörden beteiligt.

Zudem bleibt den Betroffenen die Möglichkeit, vor dem zuständigen Verwaltungsgericht gegen den ggf. erlassenen Planfeststellungsbeschluss **Klage** einzureichen. Sie können aber nur klagen, sofern sie bereits im Genehmigungsverfahren ihre Belange geltend gemacht haben.

Die formelle Öffentlichkeitsbeteiligung in den Raumordnungs- und Genehmigungsverfahren von Großprojekten erfolgt jeweils in drei Schritten:

1. Öffentliche Auslegung: Die umweltrelevanten Planungsunterlagen werden für einen bestimmten Zeitraum der Öffentlichkeit zugänglich gemacht, d. h. in den Gemeinden ausgelegt. Seit 2013 werden die Unterlagen auch online zur Verfügung gestellt.

2. Einwendung/Stellungnahme: Innerhalb bestimmter Fristen können die betroffenen Bürger und Gemeinden Einwendungen erheben, d. h. schriftlich formulierte, sachliche Argumente gegen das Projekt vorbringen.
3. Mündliche Erörterung: Die erhobenen Einwendungen werden im Rahmen eines Erörterungstermins besprochen, auf dem Projektträger, Projektgegner und Behörden anwesend sind. Erörterungstermine haben in der Regel eine Fakultativstellung, d. h. es liegt im Ermessen der Behörden einen Erörterungstermin durchzuführen.

Anfang 2013 wurde das sogenannte Planvereinheitlichungsgesetz mit dem Ziel erlassen, die Öffentlichkeitsbeteiligung bei Großvorhaben zu vereinfachen und auszubauen. Inhaltlicher Kern des Gesetzes ist die sogenannte „**frühzeitige Öffentlichkeitsbeteiligung**": Die zuständigen Behörden müssen von nun an beim Projektträger darauf hinwirken, dass dieser noch vor den formellen Verfahren einen Dialog mit einer breiten Öffentlichkeit aufnimmt. Daraus entwickelt sich ein wichtiger Rechtfertigungsdruck: Falls die Projektträger keine frühzeitige Öffentlichkeitsbeteiligung vornehmen, werden sie dies vor den verfahrensführenden Behörden begründen müssen. Dieses Bundesgesetzes wird sukzessive auch in alle Landesgesetze einfließen und die dortigen Behörden binden. In Nordrhein-Westfalen wurde das Verwaltungsverfahrensgesetz des Landes bereits 2014 angepasst. Im gleichen Jahr hat die Landesregierung Baden-Württembergs unter anderem mit der Verwaltungsvorschrift „Öffentlichkeitsbeteiligung" auf den desaströsen Planungsprozess von Stuttgart 21 reagiert. Im Rahmen eines „Beteiligungsscopings" müssen die verfahrensführenden Behörden in BW frühzeitig mit allen relevanten Akteuren die Notwendigkeit von Beteiligungsmaßnahmen sondieren und einen Beteiligungsplan erarbeiten. Damit ist Baden-Württemberg das Bundesland mit der stärksten Öffentlichkeitsbeteiligung.

Die frühzeitige Einbindung der Öffentlichkeit ist so wichtig, weil Problemwahrnehmung und Entscheidungsspielraum negativ korreliert sind: In den vorgelagerten Planungs- und Raumordnungsebenen sind die Entscheidungsspielräume noch groß, die Problemwahrnehmung auf Seiten der Betroffenen aber kaum vorhanden. Nimmt das Projekt im Laufe der Verfahren Gestalt an, steigt auch das öffentliche Problembewusstsein. Ein Projekt zu verhindern oder eine grundlegende Modifikation des Projekts zu bewirken, ist dann aber schwierig.

Die frühzeitige Öffentlichkeitsbeteiligung könnte auch ein anderes zentrales Problem des Planungs- und Genehmigungsprozesses abschwächen: Projektträgern und verfahrensführenden Behörden haben meist schon im Vorfeld der Raumordnungs- und Zulassungsverfahren engen Kontakt. Man tauscht sich über die einzureichenden Projektunterlagen aus und kennt die Ansprechpartner mit ihren Befindlichkeiten. Die Bürgerinitiativen und Umweltverbände treten erst in Erscheinung, wenn zwischen Projektträger und Behörde bereits ein unsichtbares Band besteht.

Die wichtigsten gesetzlichen Grundlagen
- Raumordnungsgesetz
- Bundesimmissionsschutzgesetz
- Umweltverträglichkeitsprüfungsgesetz
- Verwaltungsverfahrensgesetz
- Planvereinheitlichungsgesetz
- Energiewirtschaftsgesetz und Netzausbaubeschleunigungsgesetz

Bei der **informellen Öffentlichkeitsbeteiligung** handelt es sich um freiwillige Maßnahmen, die die Vorhabenträger in Zusammenarbeit mit den Behörden ergreifen können – etwa im Rahmen der „frühzeitigen Öffentlichkeitsbeteiligung". In vielen Papieren von Beratungsunternehmen und Verbänden, aber auch vom Gesetzgeber selbst (Planvereinheitlichungsgesetz), wird auf die Nützlichkeit von informellen Verfahren, den gesetzlichen Spielraum für solche Verfahren und die Möglichkeit der Verzahnung von formellen und informellen Verfahren hingewiesen. Beispiele für informelle Beteiligungsverfahren sind etwa: Dialogforen, Joint-Fact-Findings, Runde Tische, Info-Märkte oder Baustellen-Beiräte. Bei vielen Großprojekten werden die informellen Verfahren von den Projektträgern leider erst eingesetzt, wenn der Konflikt bereits eskaliert ist und kaum Hoffnung auf eine gütige Einigung besteht.[1]

---

[1] Vielen Dank an dieser Stelle an Christian Möller von der ARCADIS Deutschland GmbH, der mir mit seinem Sachverstand bezüglich der Planungs- und Genehmigungsverfahren zur Seite stand.

Schlagkräftige Organisationen und unheilige Allianzen – Die Konfliktparteien

3.1 Ressourcenreiche Rentner – Die Bürgerinitiativen

Die formelle Beteiligung ermöglicht es einzelnen Bürgerinnen und Bürgern, über schriftliche Einwendungen und mündliche Beiträge bei den Erörterungsterminen ihr Recht geltend zu machen. Wenn die Projektträger aber keine groben Fehler in der Planung gemacht haben, wie etwa Mindestabstände von Strommasten zu Wohngebieten nicht einzuhalten, hat der Einzelne kaum eine Chance die Ausgestaltung des Projekts zu beeinflussen.

Wesentlich erfolgversprechender ist organisierter Widerstand, wenn er in den Genehmigungsverfahren und auf politischer Ebene stattfindet. Deshalb bilden sich bei kontroversen Projekten relativ schnell Bürgerinitiativen. Die soziodemographischen Merkmale des typischen Protestlers haben sich seit den 1970er Jahren wenig geändert. Genau wie die Atomkraftgegner vor 45 Jahren kommen die Gegner von Stuttgart 21 oder dem Ausbau des Münchner Flughafens vornehmlich aus der gehobenen Mittelschicht. Sie sind gut ausgebildet und finanziell abgesichert. Viele von ihnen sind Freiberufler, Teilzeitangestellte, Pastoren, Lehrer, Vorruheständler, Rentner oder Pensionäre. Sie sind meist kinderlos oder die Kinder sind bereits aus dem Haus. Sie verfügen entsprechend über viel Zeit und können sich ihre Zeit relativ frei einteilen. Die Bürgerproteste sind demnach „bürgerliche" Proteste. Arbeitssuchende finden sich in den Bürgerinitiativen genauso selten wie Menschen mit niedrigen Bildungsabschlüssen oder niedrigem Einkommen. Zeit und Bildung sind notwendige Voraussetzung, um sich in die komplexen Pläne, Gesetzestexte und Studien einarbeiten zu können. Nur wer die Projektunterlagen kennt, kann Schwachstellen identifizieren und wird von Projektträgern sowie Behörden als Gesprächspartner ernst genommen.

Innerhalb der Bürgerinitiativen bildet sich meist schnell ein Kern an Aktiven heraus, die Sprecherpositionen übernehmen und die Strategie der Initiative bestim-

© Springer Fachmedien Wiesbaden 2016
J. Gobert, *Widerstand gegen Großprojekte*, essentials,
DOI 10.1007/978-3-658-12309-3_3

men. Über persönliche Netzwerke können die Initiativen oft sogar auf juristischen und wissenschaftlichen Sachverstand zurückgreifen. Neuste Informations- und Kommunikationstechnologien erlauben es den Initiativen, sich schnell und ohne großen Aufwand zu organisieren. Über digitale Kanäle werden Termine koordiniert, Aktionen geplant, Kontakte zu ähnlichen Bürgerinitiativen hergestellt und Öffentlichkeitsarbeit betrieben.

Die Initiativen beschränken sich nicht auf die klassischen Protestformen, wie Demonstrationen und Kundgebungen. Sie greifen auch auf elaborierte Mittel der Interessendurchsetzung, wie Lobbying, Pressearbeit und Klagen, zurück. Elementarer Teil der Strategie sind meist strategische Partnerschaften. Die Übereinstimmung in Teilzielen reicht aus, damit sie Zweckbündnisse mit Naturschutzverbänden, Parteien oder anderen lokalen Organisationen eingehen.

3.2 Mächtig und über jeden Zweifel erhaben – Die Umweltverbände

Ein besonders wichtiger Partner für die Bürgerinitiativen sind die Umwelt- und Naturschutzverbände. Die beiden stärksten Verbände sind BUND und NABU. Der Bund Umwelt und Naturschutz Deutschland (BUND) besteht seit 1975 und hat über 530.000 Mitglieder und Förderer. Durch die Einnahmen aus Mitgliedsbeiträgen und Spenden (in 2014 21 Mio. €) kann ein Stab aus hauptamtlichen Mitarbeitern finanziert werden. Das hauptamtliche Personal besitzt große fachliche Expertise und arbeitet nah an den politischen Entscheidungszentren. Der BUND ist föderativ und nach thematischen Arbeitskreisen organisiert: Insgesamt gibt es in Deutschland ein Netz aus 2000 BUND-Kreis- und Ortsgruppen sowie 20 Arbeitskreisen. D. h. der BUND verfügt über hohe Expertise und ein immenses Mobilisierungspotential. Der BUND ist auch Mitglied im weltweit größten Netzwerk unabhängiger Umweltgruppen „Friends of the Earth International". Der Naturschutzbund Deutschland (NABU) ist ähnlich dimensioniert. Er hatte 2013 über 540.000 Mitglieder und Förderer, verfügte über hauptamtliches Personal, konnte Einnahmen von insgesamt 32,2 Mio. € generieren und ist stark vor Ort.

Die Umweltverbände, insbesondere NABU und BUND engagieren sich in Deutschland traditionell stark in den Planungs- und Genehmigungsverfahren von Bauprojekten. Dies liegt zum einen an den Umweltprüfungen als Teil der formellen Beteiligungsverfahren und zum anderen am besonderen Status der Umweltverbände:

- Nach dem Gesetz über die Umweltverträglichkeitsprüfung (UVPG) sind die zuständigen Behörden ab einer bestimmten Projektart und -größe (bspw. in der Bundesverkehrswegeplanung, im Bereich der Wasser- und Abfallwirtschaft, der Luftreinhaltung und des Lärmschutzes) verpflichtet, die Auswirkungen eines Projekts auf die Umwelt zu prüfen und so die menschliche Gesundheit sowie die natürliche Umwelt vor vorhersehbar schädlichen Auswirkungen zu schützen. Bereits in den Planungsverfahren findet die sogenannte Strategische Umweltprüfung (SUP) statt. Im Raumordnungsverfahren folgt dann eine Umweltverträglichkeitsprüfung (UVP). In beiden Umweltprüfungen werden die Träger öffentlicher Belange und die Öffentlichkeit beteiligt. Sie erhalten die Chance, schriftlich und mündlich Stellung zu dem betreffenden Projekt zu beziehen.
- Mit „Trägern öffentlicher Belange" (TöB) sind eigentlich nur Verwalter öffentlicher Sachbereiche, wie Behörden, Energieversorger, Wasserwerke oder die Feuerwehr, gemeint. Die großen Umweltverbände werden von den Planungs- und Genehmigungsbehörden de facto aber wie Träger öffentlicher Belange behandelt und aktiv in die Umweltprüfungen eingebunden.

In sehr vielen konflikthaften Großprojekten gibt es Allianzen zwischen Bürgerinitiativen und Naturschutzverbänden. Während die Bürgerinitiativen in den Verfahren Anwohnerrechte geltend machen, versuchen die Umweltverbände beispielsweise durch den Nachweis schützenswerter Vogelflugruten oder der Einzigartigkeit von Biotopen eine Änderung der Baupläne zu bewirken oder das Vorhaben komplett zu verhindern. Die Umwelt- und Naturschutzverbände beherrschen die Sprache des Rechts und der Wissenschaft, verstehen aber auch ihre Botschaften öffentlichkeitswirksam und politisch zu verpacken. Das macht sie zu einem mächtigen Verbündeten für die Bürgerinitiativen und einem wichtigen Akteur in den Planungs- und Genehmigungsverfahren.

3.3   Immer im Recht – Die Behörden

Von der Raumordnung bis zur Realisierung bzw. Ablehnung eines Projekts sind viele Behörden involviert. Sie können in vier Gruppen eingeteilt werden:

1. Die Raumordnungsbehörde, die im Raumordnungsverfahren die grundsätzliche Raumverträglichkeit eines Vorhabens prüft.
2. Die Genehmigungsbehörde, die die Rechtmäßigkeit der konkretisierten Entwurfsplanung des Projekts prüft.

3. Die sogenannten „Träger öffentlicher Belange", die von den verfahrensführenden Behörden in den Planungs- und Zulassungsverfahren aufgrund ihres spezifischen Fachwissens konsultiert werden, sind hauptsächlich Behörden (beispielsweise Umweltamt und Wirtschaftsministerium).
4. Mit der Öffentlichkeitsbeteiligung im Planfeststellungsverfahren kann zudem eine Anhörungsbehörde beauftragt werden, die von der Genehmigungsbehörde verschieden ist.

Die **Raumordnungsbehörde** ist in der Regel auf Landesebene angesiedelt. Je nach Zuschnitt der Aufgabenbereiche in dem betreffenden Bundesland kann etwa das Innenministerium, das Wirtschaftsministerium, die Staatskanzlei oder eine andere Institution die Funktion der höchsten Raumordnungsbehörde auf Landesebene übernehmen. Die **Genehmigungsbehörden** sind bei den meisten Projekten die Bezirksregierungen, d. h. sie sind auf einer Hierarchieebene unter der Planungsebene angesiedelt. Es gibt allerdings Ausnahmen. Beim Stromnetzausbau kann die Zuständigkeit als Genehmigungsbehörde auch an die Bundesnetzagentur übertragen werden (NABEG § 2,2), die auch stark in die Bedarfsplanung und Raumordnung involviert ist. Bei wasserbaulichen Maßnahmen ist das Bundesministerium für Verkehr und digitale Infrastruktur (BMVI) die Planungsbehörde. Die Wasser- und Schifffahrtsverwaltung des Bundes (WSV), die eine nachgeordnete Behörde des BMVI ist, fungiert zudem als Projektträger, Anhörungs- und Genehmigungsbehörde (Bundeswasserstraßengesetz § 14,1).

Hier wird bereits die problematische Verquickung von Akteursrollen sichtbar, die immer wieder von Kritikern thematisiert wird: es gibt keine für eine moderne Demokratie typische Gewaltenteilung. Behörden sind oft gleichzeitig Projektträger und verfahrensführende Behörde. Meist wird auch die Zulassung und Anhörung von derselben Behörde übernommen (eine Ausnahme ist das Eisenbahnrecht). Die Behörden müssen also unter Umständen Projekte kritisch prüfen, die sie selbst oder ihre vorgesetzten Behörden tragen. Oder sie müssen einen Dialog neutral moderieren, in dem sie ihre eigenen Projekte verteidigen müssen. In vielen Verfahren schaffen die Behörden es durchaus, ihre unterschiedlichen Rollen klar voneinander zu trennen und gewissenhaft zu erfüllen. Von der Öffentlichkeit, den Bürgerinitiativen und den Verbänden werden die Behörden aber dadurch als geschlossene Einheit und natürliche Verbündete der Projektträger wahrgenommen. Dieser Eindruck wird noch durch die Tatsache verstärkt, dass oft bilateral zwischen Behörde und Projektträger informelle Vorverhandlungen geführt werden, ohne dass die Öffentlichkeit davon auch nur erfährt. In dieser Lagerbildung liegt ein wesentliches Problem der aktuellen Beteiligungsverfahren.

Die Behörden sind Exekutivorgane, d. h. sie sind eine ausführende Gewalt. An Ihnen liegt es nicht, Gesetze zu machen, sie führen sie nur aus. Entsprechend ist das geltende Recht Grundlage ihres Handelns und ihrer Argumentation. Das führt zu erheblichen Kommunikationsproblemen zwischen Behörden und Protestgruppen, denn die Widerständler bezweifeln oft gar nicht die formelle Rechtmäßigkeit der Projekte, sehen aber trotzdem ihre (partikularen) Interessen und teilweise auch die Interessen der Allgemeinheit verletzt. Sie argumentieren somit politisch und auf einer ganz anderen Ebene wie die Behörden.

3.4   Zwischen öffentlicher und unsichtbarer Hand – Die Projektträger

Viele große Projekte, insbesondere Infrastrukturprojekte wie Stromtrassen, Bahnstrecken, Autobahnen oder High-Speed-Internetverbindungen, werden vom Staat getragen. Die Öffentlichen Projektträger streben nicht nach Gewinn – die Projekte sind Mittel zur Erfüllung ihrer öffentlichen Aufgaben. Gleichzeitig ist die Erfüllung der Aufgaben nicht disponibel, d. h. die öffentlichen Projektträger können nicht einfach vom Projekt absehen, wenn sich Widerstand formiert. Zudem können öffentliche Projektträger im Gegensatz zu privaten Trägern auch über direkt-demokratische Instrumente (Bürger- oder Volksentscheid) von Ihrem Souverän, dem Volk, auf eine bestimmte Position gegenüber einem Projekt festgelegt werden (vgl. Dritte Start- und Landebahn des Münchener Flughafens, wo der Ausbau vorläufig durch einen Bürgerentscheid gestoppt wurde).

Projekte können auch von privaten Trägern, d. h. von Privatpersonen oder privatwirtschaftlichen Unternehmen, getragen werden. Private Projektträger sind weniger von der öffentlichen Meinung abhängig. Für die erfolgreiche Durchführung ihres Projekts ist vor allem notwendig, die vorgeschriebenen Verfahren zu durchlaufen und dabei auf die individuellen Schutzrechte der Anwohner Rücksicht zu nehmen (vgl. Bundesimmissionsschutzgesetz). Viele private Träger scheuen den direkten Kontakt mit der Öffentlichkeit und kommunizieren nur mit den Behörden, denen sie die Beschwichtigung der Anwohner überlassen.

Rein öffentliche und rein private Träger sind Enden eines breiten Spektrums. Die meisten großen Projekte entstehen in einer Mischform aus öffentlicher und privater Trägerschaft. Beim Ausbau des Stromnetzes sind etwa die vier privaten Netzbetreiber (Amprion, 50 Hz Transmission, TransnetBW und Tennet TSO) von der Bundesregierung auf den Bau bestimmter Netzabschnitte gesetzlich verpflichtet. Im Straßen- oder Wasserstraßenbau werden in der Regel Planungsdienstleister hinzugezogen und über Ausschreibungen Privatunternehmen mit dem tatsächlichen

Bau beauftragt. Zudem werden viele Projekte von privatwirtschaftlich organisierten Unternehmen getragen, an denen der Staat aber Anteile hält und auch personell durch Mitglieder im Aufsichtsrat verbunden ist – so beispielsweise bei der Deutschen Bahn oder der Betreibergesellschaft des Münchner Flughafens (FMG), deren Gesellschafter der Freistaat Bayern, die Bundesrepublik Deutschland und die Landeshauptstadt München sind. In den typischen Bereichen von Großprojekten, wie Energie oder Verkehr, sind also Politik und Wirtschaft eng verbandelt. Die Gesetze des Marktes gelten hier nur eingeschränkt, jede Entscheidung ist hoch politisch.

Nicht nur Planungs- und Bauunternehmen werden von den Trägern in die Umsetzung der Projekte eingebunden. Mittlerweile steht in Folge des zunehmenden Widerstands gegen Mammutvorhaben eine Reihe von Beratungsunternehmen, wie die IFOK GmbH oder Zebralog, bereit, die sich auf Dialog- und Mediationsverfahren bei Großprojekten spezialisiert haben. Sie werden gleichermaßen von privaten und öffentlichen Projektträgern in Anspruch genommen. Meistens werden sie von den Projektträgern in besonders konflikthaften Projekten mit der Durchführung von informellen Beteiligungsverfahren betraut. Die Unternehmen sind aber nicht nur einfache Dienstleister, sie mischen sich auch sehr aktiv in den Diskurs über eine gute Beteiligung ein, entwickeln neue Konzepte und publizieren Handbücher. Die Rolle der Berater in den Verfahren ist schwierig und ambivalent. Sie werden oft erst konsultiert, wenn der Konflikt bereits eskaliert ist und ein sachlicher Dialog kaum mehr möglich ist. Zudem werden sie von den Projektträgern beauftragt, die mit der Bezahlung der Berater latente Erwartungen verknüpfen. Beispielsweise erhoffen sich die Projektträger eine schnelle Beilegung des Konflikts und möglichst geringe zusätzliche Kosten. Gleichzeitig sind die Berater darauf angewiesen, von den Projektgegnern als glaubwürdige und neutrale Moderatoren wahrgenommen zu werden. Nur mit dem Vertrauen aller Beteiligten lässt sich ein Beteiligungsverfahren sinnvoll moderieren. Dazu ist aber eine gewisse Distanz zwischen Projektträger und Beratungsagentur notwendig, die alleine schon wegen dem Auftraggeber-Auftragnehmer-Verhältnis schwierig ist. Tatsächlich kam es in vielen Beteiligungsverfahren schon zu dem Vorwurf, die Mediatoren seien nur Handlanger der Projektträger.

4.1 Kein Finger breit dem Gegner – Konfliktlinien & Argumentationsmuster

Anwohner- gegen Wirtschaftsinteressen – der Kern des Konflikts
Die meisten Großprojekte sind mit dauerhaften Belastungen der Anwohner verbunden. Immissionen wie Lärm, Abgase, Schattenfall oder Gestank haben nachweislich negative Auswirkungen auf die Gesundheit des Menschen, deswegen gibt es klare Grenzwerte, die die Bürger und Bürgerinnen in der Nähe der Großprojekte vor zu hohen Belastungen schützen sollen. Aber selbst wenn die Grenzwerte eingehalten werden, vermindert der Bau einer Großanlage doch oft die Lebensqualität in der unmittelbaren Umgebung und damit auch den Wert der Immobilien – für viele Eigenheimbesitzer ein zentrales Argument im Kampf gegen ein Projekt. Unklar sind zudem die Auswirkungen von Infraschall (unhörbare Luftschwingungen mit tiefen Frequenzen unter 100 Hz), der von Windkraftanlagen erzeugt wird, und dem „Elektrosmog" der Überland-Stromtrassen. Die mangelhafte Erforschung dieser Phänomene lässt viel Raum für Spekulationen, der von beiden Seiten in der Öffentlichkeitsarbeit genutzt wird. Auf Seiten der Projektträger stehen meist klare wirtschaftliche Interessen an erster Stelle. Dies können unmittelbare Profilinteressen der (privatwirtschaftlichen) Projektträger sein, wie beispielsweise die CO-Pipeline von Bayer in Nordrhein-Westfalen, oder mittelbare staatliche Wirtschaftsförderung, wie bei der Elbvertiefung. Die Anwohner- und Wirtschaftsinteressen sind meistens der Kern des Konflikts. Eine nachhaltige Konfliktlösung muss hier ansetzen. Viele der weiter unten aufgeführten Interessen und Argumente – so kann man unterstellen – sind lediglich ideologischer Überbau, vorgeschoben, um die wahren Interessen in ein besseres Licht zu rücken oder zu verschleiern.

© Springer Fachmedien Wiesbaden 2016
J. Gobert, *Widerstand gegen Großprojekte*, essentials,
DOI 10.1007/978-3-658-12309-3_4

Abkehr vom Wachstumsdogma
Der Ausbau von Flughäfen, Autobahnen und Wasserstraßen scheint eingespielten Automatismen zu folgen. Immer häufiger kommt Kritik an einer Infrastruktur(-politik) auf, die vollkommen zu ignorieren scheint, dass unsere Ressourcen endlich sind. Bürgerinnen und Bürger kehren sich von einer Politik ab, die Wohlstand notwendigerweise mit einem Wachstumsideal verbindet, und wenden sich einem Postwachstumsideal zu. Gerade bei der Verkehrsinfrastruktur sehen die Menschen schlicht keinen Bedarf für neue Straßen, Tunnel oder Landebahnen. Sie halten den Erhalt der bestehenden Kapazitäten für ausreichend. Die Projektträger stoßen bei dieser Grundstimmung mit ihren Bedarfsprognosen, die ein höheres Verkehrsaufkommen voraussagen, auf Misstrauen. Gleichzeitig dürfen die Projektgegner nicht nur im Lager der Umwelt- und Naturschutzfreunde mit Unterstützung rechnen.

‚Klima vs. Natur‘-Paradoxon
Die Konflikte um Energiewende-Projekte weisen eine spannende Eigenart auf: Die Anlagen für Erzeugung und Transport von erneuerbaren Energien tragen auf einem globalen Level zur Verringerung des Kohlendioxid-Ausstoßes bei. Zudem sinkt mit dem Anteil des Atomstroms die Gefahr einer atomaren Havarie. Entsprechend sollten die Umwelt- und Naturschutzverbände sich eindeutig auf Seiten der Projektträger stellen. Allerdings wird im Namen des globalen Klimaschutzes vor Ort Natur zerstört. Windräder stellen eine Gefahr für Fledermäuse oder seltene Vogelarten dar und für Stromtrassen wird Wald gerodet. Dies führt zu der paradoxen Situation, dass Umwelt- und Naturschutzverbände bei manchen Projekten, wie dem Pumpspeicherwerk Atdorf, sowohl auf Seiten der Befürworter als auch auf Seiten der Gegner zu finden sind. Da die Verbände stark regional strukturiert sind, schlagen sie sich in vielen Konfliktfällen eher auf die Seite der Projektgegner. Den Projektgegnern wird in diesem Zusammenhang oft eine Not-In-My-Backyard-Mentalität (NIMBY) vorgeworfen. D. h. die Projektgegner glauben an die gesellschaftliche Notwendigkeit des Projekts, wollen aber nicht, dass es in der eignen Umgebung realisiert wird.

Legitimität – Interessen mit Werten verknüpfen
Um der eigenen Position mehr Gewicht zu verleihen, verknüpfen Projektbefürworter wie Gegner ihre Interessen mit allgemein anerkannten Werten und positiv besetzten Begriffen. Die Flughafenbetreiber in München rechtfertigen den Bau der dritten Start- und Landesbahn mit zahlreichen Arbeitsplätzen, die gesichert und geschaffen werden sollen, und betonen die Schlüsselrolle des Projekts für die regionale Wirtschaft. Die Architekten der Energiewende werden nicht müde, die eingesparten Tonnen an Kohlendioxid aufzuaddieren, und sprechen von „intelligenten

Netzen" und „deutscher Ingenieurskunst". Die Projektgegner sind keineswegs gewillt, den Projektträgern den „moral high ground " zu überlassen. Sie stellen die Legitimität des Projekts bei jeder sich bietenden Gelegenheit in Frage. Bei der Höchstspannungsleitung durch den Thüringer Wald (Südwestkuppelleitung) bezweifeln die Projektgegner beispielsweise, dass der Netzausbau dem besseren Transport von Strom aus erneuerbaren Energien dient. Sie vermuten die Leitung soll dem Import von billigem Atom- oder Kohlestrom aus maroden osteuropäischen Kraftwerken dienen.

Wenn ernsthafte Zweifel an der Allgemeinnützigkeit bzw. Legitimität von privatwirtschaftlichen Projekten aufkommen, wie zum Beispiel beim e.on-Kohlekraftwerk Datteln, geraten die Projektträger in der Regel nicht unmittelbar unter Druck. Die privaten Projektträger können sich auf ihr Recht berufen, die Anlage in Übereinstimmung mit den gesetzlichen Vorgaben zu bauen. Ihr Profitstreben wird als normal angesehen und das Gemeinwohl als Rechtfertigungsgrundlage ist nur die Kür. Der Vorwurf der Projektgegner richtet sich im Falle der Projektgenehmigung dann auch eher an die verfahrensführende Behörde, die als staatliche Institution den Auftrag hat, das Gemeinwohl zu schützen.

Divergierende Demokratieverständnisse
Viele der Bürgerinnen und Bürger, die sich in den Initiativen engagieren, sehen ihren Widerstand gegen ein Großprojekt als Kampf gegen ein verkrustetes politisches System, in dem die Politiker nicht die Interessen der Allgemeinheit, sondern nur den eigenen Machterhalt im Sinn haben. Die Initiativen glauben oft, eine stille Mehrheit zu repräsentieren. Namen von Bürgerinitiativen wie „Bürger von ..." verdeutlichen diesen Repräsentationsanspruch. Siegesgewiss befürworten die Initiativen deshalb oft direktdemokratische Instrumente, wie Bürger- und Volksentscheide. Dass diese Selbsteinschätzung nicht immer der Realität entspricht, zeigt der Volksentscheid zu Stuttgart 21, in dem sich eine Mehrheit für das Projekt aussprach. Die Politiker auf der anderen Seite sehen sich als fachlich versierte Experten, deren Kompetenzen ausreichend durch Wahlen legitimiert sind, auch wenn die Wahlbeteiligung bei kommunalen Wahlen oft sehr überschaubar ist. Ihr freies Mandat, das sie von den aktuellen Stimmungslagen in der Bevölkerung unabhängig macht, und ihren Sachverstand werten sie als notwendige Voraussetzungen für vernünftige politische Entscheidungen. Durch diese inkompatiblen Repräsentationsansprüche und pauschalen Vorwürfe entstehen oft eine Konkurrenzsituation und eine vergiftete Grundstimmung zwischen Initiativen und den Entscheidungsträgern aus Kommunal- bzw. Landespolitik. Die politische Opposition nutzt die Proteste gegen Großprojekte allerdings gerne, um sich volksnah zu geben und verbündet sich mit den Bürgerinitiativen.

Kein Finger breit dem Gegner

Die Kontrahenten verwenden ihre Argumente strategisch und besetzen bestimmte Positionen, um ihren Widersachern keinen Teil des öffentlichen Diskurses kampflos zu überlassen. Die Projektträger im Energiebereich verweisen beispielsweise gerne auf ihre Verdienste im Umwelt- und Naturschutz durch die Erforschung neuer umweltfreundlicher Technologien und die Verminderung des Kohlendioxidausstoßes. Zudem stellen sie den Nutzen ihres Projekts für die Anwohner heraus – etwa die sichere Energieversorgung. Gleichzeitig bezweifeln sie pessimistische Prognosen der Projektgegner, wie etwa negative Einflüsse auf Routen und Nistplätze von Zugvögeln. Die Bürgerinitiativen und Umweltverbände auf der anderen Seite tragen eigene Wirtschaftsargumente vor. Sie sehen negative Auswirkungen von Windradanlagen auf die Tourismuswirtschaft, Wertverlust von Immobilien und Verschwendung knapper Steuergelder. Typischerweise sind schon die grundsätzlichen Annahmen, aus denen die Sinnhaftigkeit des Projekts abgeleitet wird, hart umkämpft. Den Bau der Südwestkuppelleitung beispielsweise rechtfertigt die Bundesnetzagentur so:

- Die Hochleistungsstromtrasse wird benötigt, um den Strom aus den erneuerbaren Energiequellen (Windenergie) aus dem Norden zu den Stromverbrauchszentren in Süddeutschland zu transportieren.

Die Projektgegner der Interessengemeinschaft „Achtung Hochspannung" bezweifeln praktisch jeden Buchstaben dieses Arguments auf den unterschiedlichsten Ebenen.

1. Die Offshore Parks im Norden sind noch nicht realisiert und stehen vor erheblichen technischen Problemen. Ebenso ist der Zeitpunkt der Abschaltung der Kernkraftwerke im Süden unklar. Deswegen ist die Stromtrasse derzeit nicht notwendig.
2. Mittelfristig kann die Übertragungsleistung auch ohne Neubau alleine durch Netzoptimierung und Netzverstärkung ausreichend gesteigert werden.
3. Langfristig wird ohnehin ein größeres und moderneres Netz nötig sein. Der Netzausbau wird im derzeit geplanten Umfang und technischen Stand bei den Zukunftsproblemen des Netzes bedeutungslos sein.
4. Die Kosten des Netzausbaus übersteigen den Nutzen der zusätzlichen Übertragungskapazität in den kurzen Spitzenproduktionszeiten.
5. Die Projektträger verschleiern den wahren Zweck des Trassenbaus. Die Trasse soll nicht dem Transport von Offshore-Windenergie, sondern dem Import von osteuropäischem Atom- und Kohlestrom dienen.

4.2   Die Macht der Zahlen – Studien und Experten

In den zunehmend technokratischen und verwissenschaftlichen Politikdiskursen ist regelmäßig von „Sachzwängen" und „Alternativlosigkeit" die Rede. Unter diesen Vorzeichen sind Forschungsstudien, die die eigene Position untermauern, Gold wert. Das haben auch die Projektträger und die Projektgegner erkannt. Um im Beispiel der Südwestkuppelleitung zu bleiben: Die energiewirtschaftliche Planung für die Netzintegration von Windenergie in Deutschland basiert unter anderem auf den Szenarien und Berechnung der sogenannten dena-Netzstudien. Diese Studienreihe wurde von der Deutschen Energie-Agentur GmbH (dena) beauftragt. Erstellt und finanziert wurden die Studien von einem Konsortium, in dem unter anderem auch die deutschen Netzbetreiber vertreten sind. Die Projektträger (Bundesnetzagentur, 50 Hz und TenneT) nutzen die Studien als vermeintlich neutrale und wissenschaftliche Referenz, um die Südwestkuppelleitung zu legitimieren. Die Projektgegner setzen den dena-Studien aber eigene Forschungsergebnisse entgegen. Die Interessengemeinschaft „Achtung Hochspannung" beauftragte gemeinsam mit 33 Landräten, Bürgermeistern sowie anderen Bürgerinitiativen die Forschungsgesellschaft für Alternative Technologien und Wirtschaftsanalysen mbH (ATW), eine wissenschaftliche Studie zu erstellen. Prof. Dr. Jarass und Prof. Dr. Obermair, die Leiter der Studie, sollten die Notwendigkeit der Stromtrasse überprüfen. Jarass und Obermair stellen den Projektträgern ein vernichtendes Zeugnis aus: Die Leitung und die gesamte Energiewende, so die Professoren, würden auf falschen Grundannahmen basieren und seien grundsätzlich falsch geplant.

Dieser Schlagabtausch aus Studien und Gegenstudien, in dem das Neutralitäts- und Wahrheitsversprechen der Wissenschaft durch Interessengruppen instrumentalisiert wird, steht exemplarisch für viele Konflikte um Großprojekte. Der Trend zur Verwissenschaftlichung führt in ein Paradoxon: Die wissenschaftlichen Studien versachlichen die Debatte nicht, vielmehr wird durch den nicht endenden Streit über Grundannahmen und die ständig neu produzierten Zahlen eine Positionierung wieder zur Glaubensfrage. Wer sich eine Meinung bilden will, kann die Daten meist nicht selbst prüfen oder interpretieren. Die Rohdaten sind in der Regel nicht verfügbar oder auf Seiten der Zuhörer und Leser fehlen schlicht das Knowhow und die Zeit, sich genauer mit den Daten zu befassen. Dem Publikum bleibt nichts anderes übrig, als sich auf die interessengeleiteten Interpretationen der Projektträger oder der Bürgerinitiativen zu verlassen. Es orientiert sich bei der Bewertung der Streitfrage an der Stimmigkeit der Argumentation, aber auch an der äußeren Glaubwürdigkeit der Akteure, ihrem Sympathiewert, ihrem Aussehen, ihrer Sprache. Der Akteur, dem es gelingt, einen Eindruck von technischer Kompetenz und moralischer Integrität emotional zu vermitteln, gewinnt den Kampf um die Unentschlossenen. Dabei muss nicht zwingend von der eigenen Position überzeugt werden. Wenn durch die eigenen Studien Zweifel an den Argumenten der Gegenseite aufkommen, ist schon viel erreicht.

4.3 Die vierte Gewalt – Pressearbeit & Zeitungsberichte

Medien spielen eine bedeutende Rolle. Sie tragend entscheidend dazu bei, dass viele Konflikte vom geordneten rechtlichen Verwaltungsverfahren auf eine politische Ebene behoben werden. Sowohl Projektträger als auch Bürgerinitiativen betreiben in der Regel eine halbwegs professionelle Pressearbeit durch ausgewählte Pressesprecher. Bei dem Versuch, mediale Aufmerksamkeit auf das betreffende Projekt zu lenken, können sich die Projektgegner auf die örtliche Politik verlassen. Bürgerproteste sind eine willkommene Gelegenheit für Mandatsträger – insbesondere Mandatsträger der Opposition – sich volksnah zu geben und ihr öffentliches Profil zu schärfen.

Die Medien berichten umfassend und in hoher Frequenz über Großprojekte, insbesondere wenn diese konflikthaft sind. Ein Großteil der Artikel findet sich in den Lokal- und Regionalblättern, bei denen örtliche Nähe der wichtigste Nachrichtenwert ist. Auch die nationale Presse berichtet über Konflikte, wenn diese bundespolitische Relevanz haben oder in einen breiteren thematischen Kontext gestellt werden können, wie etwa die Energiewende, politische Kultur, Beteiligung im Allgemeinen oder die Zukunft der Demokratie. Als Aufhänger für die Berichterstattung dienen große Konfliktmeilensteine oder besondere Ereignisse, wie Demonstrationen, Planfeststellungsbeschlüsse oder Urteilsverkündungen im Fall von Klagen gegen das Projekt. Der Fokus der Medien auf tagespolitisches Geschehen und Konkretes verstärkt dabei die Problematik, die schon im ersten Abschnitt zu formellen Öffentlichkeitsbeteiligungsverfahren angesprochen wurde: den ersten Verfahrensschritten – Bedarfsplanung und Raumordnung – wird kaum Aufmerksamkeit geschenkt, obwohl hier wichtige Weichen für den Bau von Großprojekten gestellt werden.

Oft stellen sich die Journalisten in Meinungsbeiträgen klar auf die Seite der Protestbewegungen und betonen die Rechtmäßigkeit der bürgerlichen Proteste. Dies hat mehrere Gründe. Zunächst einmal verkaufen sich skandalisierende David gegen Goliath-Stories besser, außerdem sind die potentiellen Käufer des Mediums Anwohner am zukünftigen Standort des Projekts und sympathisieren vermutlich eher mit den Protestgegnern. Zudem müssen die Pressesprecher der Bürgerbewegungen kein Blatt vor den Mund nehmen. Sie können polemische und polarisierende Statements abgeben, die von der Presse gerne aufgegriffen werden. So lange sie nicht verleumden oder beleidigen, müssen sie nicht mit Konsequenzen rechnen. Darin unterscheiden sie sich grundlegend von den verfahrensführenden Behörden, die in ihren Aussagen diplomatisch und auf rechtssicherem Terrain bleiben müssen. Die teilweise guten Argumente der Verwaltung gehen oft in den Debatten unter, da sie in der Sprache des Rechts und nicht mediengerecht kommuniziert werden.

Ausbremsen gegen Aussitzen – Instrumente des Widerstands und ihre Wirkung

5

5.1 Nichts als Nadelstiche – Rechtliche Instrumente des Widerstands

Zentrales Mittel des Widerstands gegen ein Großprojekt sind die **Einwendungen** der Betroffenen innerhalb der formellen Beteiligungsverfahren. Auch hier spielen die Bürgerinitiativen eine zentrale Rolle. Sie informieren die Betroffenen über die Funktionsweise der Einwendungen und organisieren sogenannte Sammeleinwendungen, bei denen sie vorgefertigte Formulierungen bereitstellen. Auf diese Weise gehen die Einwendungen bei manchen Projekten in den sechsstelligen Bereich. Die Anzahl der Einwendungen lässt nicht auf deren Aussicht auf Erfolg schließen. Die Behörden brauchen aber Zeit um die Einwendungen zu bearbeiten. Zudem haben sie einen symbolischen Wert, der den Druck auf Projektträger, Behörden und auch die Politik erhöht.

Die Umwelt- und Naturschutzverbände treten in den Verfahren – insbesondere in den Umweltverträglichkeitsprüfungsverfahren, die in die Raumordnungsverfahren und Planfeststellungsverfahren eingegliedert sind – als Anwälte der Natur auf. Sofern das verhandelte Projekt Naturschutzgebiete (NSG) oder Fauna-Flora-Habitat-Gebiete (FFH) berührt, haben die Verbände einen starken gesetzlichen Hebel. Naturschutzgebiete genießen in der deutschen Gesetzgebung einen besonders umfassenden Schutz und machen rund 4 % der Fläche Deutschlands aus. FFH-Gebiete sind auf der Grundlage europäischer Gesetzgebung geschützt. Negative Auswirkungen auf FFH-Gebiete machten Projektgegner etwa beim e.on-Kraftwerk Datteln 4, der Elbvertiefung, dem Donauausbau oder der Isental-Autobahn geltend. In allen Fällen wurden die Verfahren durch zusätzliche Verträglichkeitsprüfungen verlangsamt, konnten das Fortschreiten der Projektplanung aber nicht aufhalten.

Die Einwendungen der Anwohner und die **umweltrechtlichen Beanstandungen** der Umwelt- und Naturschutzverbände bewirken in der Regel keinen Projekt-

© Springer Fachmedien Wiesbaden 2016
J. Gobert, *Widerstand gegen Großprojekte,* essentials,
DOI 10.1007/978-3-658-12309-3_5

stopp. Nur wenn der Projektträger sich gravierende Planungsmängel erlaubt hat, können diese Widerstandmittel das Projekt gefährden. Sie können aber durchaus dazu führen, dass der Projektträger – freiwillig oder auf Anordnung der verfahrensführenden Behörde – Komponenten seiner Planung ändert. Beispielsweise kann der Projektträger einen schallärmeren Asphalt (sogenannter „Flüsterasphalt") für den Straßenbau verwenden oder den Trassenverlauf so anpassen, dass sich der Abstand zu einem Siedlungs- oder Naturschutzgebiet erhöht. Teilweise hält der Projektträger auch an seiner Planung fest, sofern er die geltenden Immissionsschutzgesetze beachtet, sorgt aber über einen Interessenausgleich – etwa indem er Schallschutzfenster für die Wohnungen direkt in einer geplanten Einflugschneise subventioniert oder gerodete Waldflächen an anderer Stelle wieder aufforstet.

5.2   Empört euch! – Politische Instrumente des Widerstands

Die klassischen politischen Instrumente einer Bürgerinitiative sind Demonstrationen, Protestmärsche oder ähnliche Aktionen. Diese Instrumente zeigen Wirkung – die Medien berichten immer über solche bildstarken Ereignisse und auch die Politik ist gezwungen, Stellung zu beziehen. Die politische Öffentlichkeitsarbeit von modernen Bürgerinitiativen ist aber wesentlich raffinierter. Die Pressesprecher der Initiativen gehen aktiv auf Journalisten zu, formulieren medienwirksame Statements und scheuen keine öffentliche Konfrontation mit Projektträgern oder Politikern.

Auch im halböffentlichen Raum und hinter den Kulissen sind die engagierten Sprecher der Initiativen aktiv. Politiker werden angeschrieben, in ihren Amtsstuben besucht oder eingeladen, sich vor Ort ein Bild aus Sicht der Betroffenen zu machen. Auch wenn dieses Lobbying nicht ganz so filigran ist wie das der Politikagenturen in Berlin und Brüssel, so erreichen die Botschaften doch den Adressaten.

Das mächtigste politische Instrument gegen ein Großprojekt sind direktdemokratische Abstimmungen. Auf Ebene der Kommunen und Landkreise heißen die Verfahren Bürgerentscheide, auf Landesebene wird hier von Volksentscheid gesprochen. Einen bundesweiten Volksentscheid gibt es nicht. Bevor die direktdemokratischen Instrumente ein Projekt verhindert können, müssen viele Bedingungen erfüllt sein. Es folgt eine vereinfachte Darstellung der wichtigsten Bedingungen und Unterscheidungen[1]:

---

[1] Tatsächlich sind die Begehren, Entscheide und Referenden in den einzelnen Bundesländern sehr unterschiedlich geregelt und die Begrifflichkeiten werden im Sprachgebrauch unterschiedlich verwendet.

1. Das Projekt muss im Entscheidungsspielraum der Politik liegen, d. h. eine staatliche Institution muss Projektträger, Finanzier oder Besitzer des Baugrundstücks sein. Denn direktdemokratische Abstimmungen können nur eine staatliche Institution an eine Volksentscheidung binden. Der privatrechtliche Raum wird von diesen Entscheidungen höchstens indirekt tangiert.
2. Die direktdemokratische Abstimmung muss von der Bevölkerung oder von der Regierung bzw. dem Parlament erfolgreich initiiert werden. Wird die Abstimmung von der Bevölkerung initiiert, müssen die Initiatoren zunächst eine bestimmte Anzahl an Unterschriften sammeln (Quorum), damit es überhaupt zur Abstimmung über die Sachfrage bzw. das Projekt kommt. Diese Vorstufe zum Abstimmungsverfahren wird Bürger- bzw. Volksbegehren genannt. Schon an den hohen Quoren scheitern viele Initiativen. Wird die direktdemokratische Abstimmung von einer Regierung oder einem Parlament initiiert, spricht man von einem Referendum. Je nach Art des Referendums sind auch die Zustimmung einer bestimmten Anzahl von Abgeordneten oder Unterschriften aus der Bevölkerung notwendig. In der Regel sind Hürden hier relativ niedrig.
3. Zu guter Letzt muss im Bürger- oder Volksentscheid eine Mehrheit gegen das Projekt stimmen. Eine einfache Mehrheit reicht in der Regel aber nicht. Meist muss zusätzlich ein Mindestzustimmungsquorum erfüllt werden, d. h. die Mehrheit muss aus (beispielsweise) mindestens 25 oder 50 % der Wahlberechtigten bestehen.

Es gibt eine Reihe von politischen Instrumenten des Widerstands. Die direktdemokratische Abstimmung ist sicher das mächtigste und auch das, bei dem der Erfolg am besten messbar ist. Aber auch die professionelle Pressearbeit und das Lobbying sind notwendige Voraussetzungen, um eine Öffentlichkeit und ein Problembewusstsein zu schaffen. Auch diese Instrumente können dazu führen, dass der Projektträger oder die politischen Entscheidungsträger einlenken und das Projekt entweder ganz aufgeben oder substanziell verändern. Insgesamt muss aber festgehalten werden, dass sowohl die rechtlichen als auch die politischen Instrumente des Widerstands – auch wenn sie kombiniert und virtuos gespielt werden – kaum ein Großprojekt verhindert haben. In der Regel werden die Projekte umgesetzt und bei Protest allenfalls marginale Anpassungen eingeräumt. Der Widerstand hat aber dennoch einen großen Effekt. In der Regel verzögert er den Baubeginn, teilweise um Jahre. In unbeständigen Branchen, wie der Energiewirtschaft nach Fukushima, kann alleine die Verzögerung dazu führen, dass sich zum Zeitpunkt der Baugenehmigung die Rahmenbedingungen für das Projekt gegenüber der Erstplanung komplett verändert haben und das Projekt keine wirtschaftliche Grundlage mehr hat (bspw. Speicherkraftwerke). Das sind aber allenfalls Ausnahmen. Besteht der Projektträger auf seinem Recht, hält er gesetzliche Mindeststandards ein und hat er einen langen Atem, wird er sein Projekt in der Regel umsetzen können.

Typisch und einzigartig – Drei Fallbeispiele

Die folgenden drei Fälle sind in ihren lokalen Rahmenbedingungen, ihrer Akteurs-konstellation und ihrem Konfliktverlauf einmalig. Sie illustrieren den Facetten-reichtum und die Komplexität vom Widerstand gegen Großprojekte. Gleichzeitig weisen sie aber Wesenszüge auf, die typisch für bestimmte Arten von Konflikten um Großprojekte sind. Die dritte Start- und Landebahn am Münchner Flughafen steht exemplarisch für Konflikte um Flughäfen in Berlin, Frankfurt, Düsseldorf oder Köln. Verschiedene Aspekte im Konflikt um die Südwestkuppelleitung lassen sich leicht in anderen Protesten rund um Stromtrassen, Windradanlagen, Speicher-kraftwerke oder Biogasanlagen wiedererkennen. Damit steht die sogenannte Thü-ringer Strombrücke für die Aushandlungsprozesse im Rahmen der Energiewende. Die DFB-Akademie in Frankfurt am Main ist ein vergleichsweise kleines Projekt. Sie zeigt aber wie umkämpft und politisch die Planung in urbanen Zentren ist, in denen Platz immer mehr zur Mangelware wird.

6.1 Grenzen des Wachstums? – Die Dritte Start- und Landebahn des Münchner Flughafens

Hintergrund & Projektbeschreibung

Der Flughafen der Bayerischen Landeshauptstadt wird von der Flughafen Mün-chen GmbH (FMG) geführt. Auch wenn der Flughafen von einer GmbH betrieben wird, so ist er doch fest in der Hand staatlicher Organe. Gesellschafter der FMG sind der Freistaat Bayern mit einem Anteil von 51 %, der Bund mit 26 % und die Landeshauptstadt München mit 23 %. Im Jahr 2005 beschließt die FMG die Pla-nung für eine Erweiterung des Flughafens um eine dritte Start- und Landebahn vo-ranzutreiben und leitet ein Raumordnungsverfahren ein. Begründet wird der Plan

© Springer Fachmedien Wiesbaden 2016
J. Gobert, *Widerstand gegen Großprojekte*, essentials,
DOI 10.1007/978-3-658-12309-3_6

mit steigendem Bedarf. Laut der FMG reichen die vorhandenen Kapazitäten des Start- und Landebahnsystems nicht aus, um das mittel- und langfristig zu erwartende Luftverkehrsaufkommen zu decken. Von der Erweiterung des Flughafens, so die FMG, würde die ganze Region wirtschaftlich profitieren. Der Standort würde an Wettbewerbsfähigkeit gewinnen und viele Arbeitsplätze könnten so gesichert werden. Ein breites Bündnis von mehr als 35 Partnern aus Politik (CDU, SPD und FDP), Verbänden, Vereinen und Unternehmen folgt dieser Argumentation und unterstützt die FMG in ihren Ausbauplänen. In der ersten Planung werden die Kosten auf etwa 1,2 Mrd. € geschätzt und die Inbetriebnahme für 2015 geplant.

Die Projektgegner

Das Bündnis „AufgeMUCkt" vereint 84 Organisationen, darunter viele Bürgerinitiativen, aber auch Naturschutzverbände und kirchliche Organisationen. Das Bündnis befürchtet steigende Lärm- und Abgasbelastungen sowie den Wertverfall von Immobilien. Die Ausbaugegner verteidigen aber nicht nur diese typischen Anwohnerinteressen – ihnen geht es um mehr. Umweltverbände fürchten die Zerstörung der Natur, die Kirchen möchten die Schöpfung vor Schäden bewahren. Hinzu kommt eine grundsätzliche Ablehnung einer Wirtschaft, die auf stetiges Wachstum ausgelegt ist. Entsprechend werden die Nutzen- und Bedarfsprognosen der Projektträger zurückgewiesen. Ziel der Bündelung in einer Dachorganisation ist es, die Aktionen zu vernetzen und Geschlossenheit unter den Startbahngegnern zu erreichen. Der Plan geht auf. Die aufwendigen Aktionen (erfolgreicher Bürgerentscheid, Demonstrationen, Klagen, Bündelung von Einwendungen) illustrieren die hohen finanziellen und zeitlichen Ressourcen sowie die umfangreichen Kompetenz der Protestorganisation.

Konfliktverlauf

Bereits 1998 formiert sich im Großraum München Widerstand gegen den Flughafen. Zunächst erzürnt eine Änderung der Nachtflugregelung die Gemüter der Anwohner – einzelne und verstreute Bürgerinitiativen werden gegründet. Als sich 2002 der Flughafenausbau durch die Ausweisung einer Vorbehaltsfläche abzeichnet, entsteht das Aktionsbündnis „AufgeMUCkt", das durch Großdemonstrationen gegen die Ausweisung der Vorbehaltsfläche und bei Einweihung des zweiten Terminals schnell hohe Bekanntheit erlangt. 2005 beschließt die FMG eine neue Start- und Landebahn und beginnt die konkrete Planung. 2006 hat die FMG die Planungsunterlagen zusammen und reicht sie bei der zuständigen Genehmigungsbehörde, der Regierung Oberbayern, ein. Die Regierung leitet das Raumordnungsverfahren (ROV) ein und gibt 2007 grünes Licht. Damit bestätigt die Regierung trotz etwa 42.000 kritischer Bürgeräußerungen im Verfahren, dass der Ausbau grundsätzlich mit den Zielen und Grundsätzen der Raumordnungsplanung in Einklang ist. Noch im gleichen Jahr beginnt das eigentliche Genehmigungsverfahren, das sogenannte Planfeststellungsverfahren: Etwa 85.000 Einwendungen der Anwohner gehen ein und 123 Stellungnahmen der Gemeinden, der Naturschutzverbände und sonstiger Stellen werden vorgetragen. Seitens der FMG werden Unterlagen ergänzt und zu den Einwendungen Stellung bezogen. Eine Annäherung der Konfliktparteien gibt es nicht. Die Regierung Oberbayern gibt 2011 schließlich einen positiven Planfeststellungsbeschluss, d. h. sie hat keine formalrechtlichen Bedenken und erteilt die Baugenehmigung für das Vorhaben.

Der Widerstand ist aber noch lange nicht gebrochen. Kurz nach Verkündung gehen zahlreiche Klagen auf vorläufigen Rechtsschutz gegen den Planfeststellungsbeschluss beim Bayerischen Verwaltungsgerichtshof (VGH) ein. Gleichzeitig initiieren die Gegner ein Bürgerbegehren. Das nötige Quorum für einen Bürgerentscheid wird erreicht, am 17. Juni 2012 sprechen sich die Münchner gegen den Ausbau aus. Das Vorhaben ist vorerst gestoppt, da die Stadt München als Gesellschafter der FMG juristisch für ein Jahr an den Willen des Volkes gebunden ist. Parallel werden die Klagen von Privatklägern und Bund Naturschutz Bayern am Bayerischen Verwaltungsgerichtshof, schließlich vor dem Bundesverwaltungsgericht verhandelt.

Im Juli 2015 weist das Bundesverwaltungsgericht die Klagen zurück und lässt auch keine Revision zu. Die FMG und die Befürworter des Projekts freuen sich über die gewonnene Rechtssicherheit beim Bau. Allerdings ist nach wie vor gar nicht sicher, ob die Start- und Landebahn tatsächlich gebaut wird. Die drei Gesellschafter Bund, Bayern und die Stadt München diskutieren angesichts schwankender Passagierzahlen und starkem Gegenwind aus der Bevölkerung über Sinnhaftigkeit der Pläne. Falls jedoch gebaut wird, so kündigten die Projektträger an, werde man die Bedenken und Anregungen der Bürgerinnen und Bürger in der Planung berücksichtigen.

6.2 Sportelite gegen Elitesport – Die Galopprennbahn in Frankfurt

Hintergrund & Projektbeschreibung
In Frankfurt am Main soll bis 2018 eine Akademie des Deutschen Fußball-Bundes entstehen. Die DFB-Akademie soll im Stadtteil Niederrad auf einem Gelände angesiedelt werden, auf dem sich momentan noch die Frankfurter Galopprennbahn und ein Golfplatz befinden. Das Gelände gehört der Stadt Frankfurt und wird an die Hippodrom GmbH, den Betreiber von Rennbahn und Golfklub, verpachtet. Die Akademie soll laut Absprache mit der Stadt Frankfurt nicht das ganze Gelände

einnehmen. Auf etwa einem Drittel der Fläche soll ein Bürgerpark entstehen. Die Gesamtkosten des Projekts werden auf ungefähr 89 Mio. € geschätzt.

Die Stadt Frankfurt am Main ist sehr dicht bebaut und die Grundstückspreise liegen deutlich über denen der meisten deutschen Großstädte. Bei der Neubebauung von großen Flächen ist der Konflikt zwischen kulturell-sozialer und kommerzieller Nutzung deshalb besonders stark ausgeprägt, wie bereits die Planungen des ehemaligen Degussa-Areals und auch des Universitätscampus Bockenheim gezeigt haben.

Die Projektgegner

Der Protest wird durch die Bürgerinitiative „Pro Rennbahn" getragen. Die Initiative setzt sich aus Rennsportfans, Rennstallbesitzern und den Funktionären des Frankfurter Renn-Klub 2010 e. V. zusammen. Der Renn-Klub-Verein kämpft als Rennveranstalter auf der Galopprennbahn um seine Existenz. „Pro Rennbahn" ist finanziell gut ausgestattet und bestens organisiert. Die Konzertierung der Aktionen und die strategische Raffinesse im Wahlkampf lassen auf hohe Kompetenz und zeitliche Ressourcen schließen. Die Initiative verteilt Flyer auf Straßenfesten, hat Info-Stände auf Wochenmärkten; hängt tausende Plakate auf, betreibt Pressearbeit und organisiert Podiumsdiskussionen. Unterstützt werden die Rennbahnbefürworter von Rennsportverbänden und -begeisterten aus dem gesamten Bundesgebiet. Das Ziel der Initiative ist klar der Erhalt der Rennbahn, aber auch auf eine gemeinsame Nutzung mit dem DFB würde sie sich eingelassen. Eine Prüfung machte aber schnell deutlich, dass die gemeinsame Nutzung für beide Parteien nicht funktionieren würde.

Konfliktverlauf

Bereits seit 2013 plant das DFB-Präsidium eine DFB-Akademie. Die Wahl fällt auf Frankfurt, da die Mainmetropole relativ zentral in Deutschland liegt, eine gute Infrastruktur hat und bereits die Zentralen des DFB sowie der Deutschen Fußball Liga beheimatet. Anfang 2014 nimmt der DFB Gespräche mit der Stadt auf. Im März 2014: unterzeichnen DFB und Stadt Frankfurt eine Absichtserklärung zum Bau der Akademie auf dem Rennbahngelände in Frankfurt-Niederrad. Die Stadt Frankfurt ist aufgrund der Beschaffenheit des Projektes zu keinen besonderen Maßnahmen der Öffentlichkeitsbeteiligung verpflichtet. Eine Öffentlichkeitsarbeit findet in dieser wichtigen Entscheidungsphase auch praktisch nicht statt. Eine alternative Nutzung des Geländes oder alternative Standorte für die Akademie werden nicht erörtert. Die Rennbahnbetreiber erfahren von den Plänen der Stadt nach eigenen Angaben aus der Zeitung. Schnell wird eine die Bürgerinitiative „Pro Rennbahn" gegründet.

Im August 2014 einigt sich Manfred Hellwig mit der Stadt Frankfurt darauf, seine privaten Anteile (49 %) an der Hippodrom GmbH, dem Pächter des Rennbahngeländes, auf die Stadt zu übertragen. Die Stadt hielt bisher schon 51 % der Gesellschaft. Frankfurt wird nun gewissermaßen Verpächter und alleiniger Pächter des Geländes. Damit wird die Vertragslaufzeit des geltenden Pachtvertrags (bis 2024) ausgehebelt und der DFB kann das Gelände bereits ab 2016 nutzen. Im September und Oktober 2014 stimmen zunächst der Magistrat, d. h. die „Regierung" von Frankfurt, und dann die Stadtverordnetenversammlung, das Frankfurter Parlament, dem Vertrag zwischen dem DFB und der Stadt Frankfurt über die Verpachtung des Geländes der Galopprennbahn Niederrad zu. Zeitgleich wird die Entscheidung auch durch die internen Gremien des DFB bestätigt.

Innerhalb von sechs Wochen sammelt die Bürgerinitiative genügend Unterschriften, um einen Bürgerentscheid herbeizuführen, der für den Juni 2015 anberaumt wird. Die Wochen vor dem Bürgerentscheid wirbt die Bürgerinitiative mit einer Plakatkampagne für den Erhalt der Rennbahn. Die Initiative erhält viel Kritik für ihre Plakate, da diese im Stile der etablierten Parteien gehalten sind. Das Layout und auch die Argumentation erwecken den Eindruck, die Plakate würden von CDU, SPD und Grünen kommen. Der Deutsche Fußball Bund setzt den Plakatwald der Rennbahnbefürworter im Stadtbild Frankfurts zunächst nichts entgegen. Doch als der Entscheid näher rückt und die Briefwahlanträge zahlreicher werden, gibt der DFB eine Antwort. Die deutsche Nationalmannschaft wirbt auf Plakaten mit Philipp Lahm und WM-Pokal für die Akademie. Zudem meldet sich der Nationaltrainer Joachim Löw mit einem offenen Brief zu Wort. Die Römerkoalition aus Grünen und CDU ist auf der Straße nicht sichtbar. Sie leistet dem DFB einzig mit Pressestatements und über ihre Parteiorganisationen Schützenhilfe. Der Vorsitzende der SPD, die zwar den Bürgermeister stellt, im Magistrat aber Teil der Opposition ist, bittet in einem Brief an die Parteimitglieder um ein „Nein" im Bürgerentscheid, d. h. um Zustimmung für das DFB-Zentrum. Begleitet wird der Wahlkampf mit einer emotionalen Schlammschlacht zwischen städtischen Entscheidungsträgern auf der einen und Aktivisten sowie Rennbahnfunktionären auf der anderen Seite.

Am 21. Juni 2015 findet der Bürgerentscheid statt. 62.900 Frankfurterinnen und Frankfurter stimmen für den Erhalt der Rennbahn und 40.196 dagegen. Jedoch wurde das notwendige Mindestzustimmungsquorum von 25 % der Wahlberechtigten, das entspricht 124.600 Stimmen, nicht erreicht. Die Rennbahn-Verteidiger kündigen weiteren Widerstand an. Für 2017 ist der Baubeginn geplant. Die Frankfurter Bürgerschaft soll an der Planung des Bürgerparks beteiligt werden. Die DFB-Akademie soll Ende 2018 fertiggestellt sein.

6.3 Misstrauen und Rechenspiele – Die Südwestkuppelleitung

Hintergrund & Projektbeschreibung

Die Südwestkuppelleitung ist eine 380 kV-Höchstspannungsleitung, die von Halle nach Schweinfurt gebaut wird. Die von der EU kofinanzierten Gesamtkosten belaufen sich auf 250 Mio. €. Das Projekt ist schon im nationalen Energieleitungsausbaugesetz (EnLAG) von 2009 vorgesehen. Auch im Netzentwicklungsplan, der nach der Fukushima-Havarie im Jahr 2011 unter Mitarbeit der Netzbetreiber erarbeitet wurde und ein zentrales Planungsinstrument der Energiewende ist, kommt dem Projekt eine große strategische Bedeutung zu. Denn die Südwestkuppelleitung von Halle nach Schweinfurt soll die Netzlücke zwischen alten und neuen Bundesländern schließen. Mit der Verbindung von Sachsen-Anhalt über Thüringen nach Bayern sollen die ausgebauten Erneuerbaren Energiequellen, wie Windkraftanlagen, in den neuen Bundesländern mit den Stromverbrauchszentren in Süddeutschland verbunden werden. Neben der besseren Integration von erneuerbaren Energien und Speicherwerken ins Netz, soll die Trasse auch für mehr Sicherheit des Stromsystems sorgen. Die Südwestkuppelleitung ist ein besonders komplexes Projekt. Die Leitung erstreckt sich über drei Bundesländer und ist in zwei EnLAG-Vorhaben (Nummer 4 und 10) eingeteilt, die jeweils von unterschiedlichen Projektträgern (50 Hz und TenneT) realisiert werden. Teilweise werden bestehende Überlandleitungen ausgebaut, teilweise müssen neue Leitungen gebaut werden. Zudem sind die zwei Vorhaben nochmals in insgesamt sieben Teilabschnitte unterteilt, die jeweils eigene Raumordnungs- und Genehmigungsverfahren durchlaufen müssen. Auch die Zuständigkeiten sind kompliziert: als Planungs- und Genehmigungsbehörden fungieren das Thüringer Landesverwaltungsamt und die Regierung von Oberfranken, aber durch das „Netzausbaubeschleunigungsgesetz Übertragungsnetz" (NABEG 2011) und die Bundesfachplanung verlagert sich die Verantwortung für Netzgroßprojekte zunehmend auf die Bundesnetzagentur. Beispielsweise werden Rahmenbedingungen, wie Trassenkorridore und Verknüpfungspunkte bei grenz- und bundesländerübergreifenden Projekten bereits in der Bundesfachplanung festgelegt.

Die Projektgegner

In Thüringen und Bayern haben sich mehrere Bürgerinitiativen gebildet, die die Trasse verhindern wollen. 13 Initiativen haben sich in der Interessengemeinschaft (IG) „Achtung Hochspannung" zusammengeschlossen, um den Widerstand besser koordinieren zu können. Die IG hat nach eigenen Angaben über 2500 Mitglieder. Begründet wird die Ablehnung der Trasse durch negative Auswirkungen auf Tourismus und Waldwirtschaft, Wertminderung von Immobilien, unklare Risiken für den Menschen durch Elektrosmog und Umweltschäden. Darüber hinaus unterstellen die Gegner den Projektträgern, veraltete Technologie zu verwenden, eine fehlerhafte Kosten-Nutzen-Rechnung zugrunde zu legen und den wahren Zweck der Trasse zu verschleiern, der nicht im Transport von Offshore-Windenergie sondern im Import von osteuropäischem Atom- und Kohlestrom liegt.

Die Interessengemeinschaft hat ein ehrenamtliches Kompetenzteam geschaffen, das sich unter anderem im Verwaltungsrecht, energiepolitischen Grundfragen sowie Gesundheit und Naturschutz auskennt. Die Öffentlichkeitsarbeit der IG ist sehr professionell, regelmäßig werden Pressemitteilungen veröffentlicht und Interviews gegeben. Ihre Argumente unterfüttert sie dabei mit einer eigenen wissenschaftlichen Studie (siehe Abschn. 4.1 und 4.2). Demonstrationen und Ostermärsche entfalten zudem eine große Öffentlichkeitswirkung. Gleichzeitig hat „Achtung Hochspannung" aber auch an Einwendungen und Klagen mitgearbeitet. Die zahlreichen Kontakte zu politischen Entscheidungsträgern auf nahezu allen Ebenen werden aktiv gepflegt. „Achtung Hochspannung" kooperiert auch mit Bürgerinitiativen, die nicht Teil des Bündnisses sind, und erfährt viel Unterstützung aus der Kommunal- und Landespolitik (Gemeinden, Städte, Landkreise, Landtagsabgeordnete).

Konfliktverlauf

Im Mai 2006 formieren sich, angeregt durch Informationsveranstaltungen der Projektträger und das Raumordnungsverfahren zu einem der Teilbereiche, die ersten Bürgerinitiativen in Thüringen und Bayern. 2007 schließen sie einige Initiativen in der Interessengemeinschaft „Achtung Hochspannung" zusammen. Streitpunkt sind insbesondere die drei Teilabschnitte zwischen Vieselbach und Redwitz. Hier ist die Lücke der Bestandsmasten und der Plan sieht Trassenneubau vor – u. a. durch den Thüringer Wald. Seit 2007 werden die formellen Verfahren von Demonstrationen, Gegen-Informationsveranstaltungen und Lobbying der Protestgruppen begleitet. Die Interessengemeinschaft gibt sogar gemeinsam mit 33 Landräten, Bürgermeistern sowie anderen Bürgerinitiativen eine wissenschaftliche Studie zur Überprüfung der Notwendigkeit der Stromtrasse in Auftrag. Die endgültigen Studienergebnisse werden 2008 vorgelegt und stellen den Planern der Trasse und der Energiewende insgesamt ein vernichtendes Zeugnis aus. Davon unbeeindruckt treiben die Projektträger die Planungs- und Genehmigungsverfahren weiter voran. Die Protestorganisationen nutzten die formelle Öffentlichkeitsbeteiligung für zahlreiche Einwendungen.

Nach Planfeststellungsbeschluss – sprich Baugenehmigung – zum Abschnitt Vieselbach-Altenfeld wurde erfolglos vor dem Oberverwaltungsgericht Weimar und dem Bundesverwaltungsgericht geklagt. Auch der Thüringer Landtag behandelte den Trassenabschnitt in mehreren Ausschusssitzungen, allerdings ohne politisch in das Projekt einzugreifen. Derzeit wird noch eine Klage vor dem Bundesverfassungsgericht verhandelt. Die Prüfung eines Eilverfahrens führte zu einem kurzen Baustopp, die Einleitung des Verfahrens wurde aber im März 2014 abgelehnt. Der Teilabschnitt wird voraussichtlich noch im Jahr 2015 fertiggestellt.

Im ebenfalls umstrittenen Abschnitt von Altenfeld zur Landesgrenze Bayern-Thüringen ist der Planfeststellungsbeschluss im Frühjahr 2015 gefasst worden. Der Abschluss des Genehmigungsverfahrens war schon früher geplant. Es kam aber zu Verzögerungen, die nur teilweise auf den Widerstand aus der Bevölkerung zurückzuführen sind. Denn die Planung musste wegen unwegsamem Gelände, einem ausgewiesenen Vogelschutzgebiet und geänderten Bestimmungen des Landesplanungsgesetzes angepasst werden. Die Inbetriebnahme soll bereits 2016 erfolgen.

Das Projekt ist nicht mehr aufzuhalten. Die Bürgerinitiativen zeigen sich enttäuscht, die Politiker wollen aber die „Bedenken ernst nehmen" und das „Verständnis" für den Netzausbau stärken.

Was Sie aus diesem *essential* mitnehmen können

- Die gute Ressourcenausstattung und digitale Vernetzung ihrer Mitglieder machen Bürgerinitiativen zu handlungsfähigen Organisationen. Gemeinsam mit den fachlich-versierten Umweltverbänden, die als Quasi-Träger öffentlicher Belange zudem einen Sonderstatus in den Verfahren genießen, bilden sie schlagkräftige Allianzen.
- Die Behörden und Projektträger sind den Gegnern meist in Ressourcen und Fachverstand überlegen. Sie werden als natürliche Verbündete wahrgenommen, da sie bereits vor dem offiziellen Start der formellen Verfahren engen Kontakt zueinander haben und oft beide staatlich sind. Sie orientieren sich in ihrem Handeln primär an geltendem Recht und nicht an politischen Diskursen.
- Ein zentrales Problem bei der Beteiligung ist die negative Korrelation zwischen öffentlicher Problemwahrnehmung und tatsächlichem Entscheidungsspielraum. Beginnt das eigentliche Zulassungsverfahren, sind die wesentlichen Weichen für das Projekt bereits gestellt.
- Im Kern eines jeden Konflikts stehen die wirtschaftlichen Interessen der Projektträger gegen Anwohnerinteressen. Aber auch ideelle Argumente ranken sich um die Konflikte: Die Projektgegner stellen sich beispielsweise gegen das Ideal der kapitalistischen Wachstumsgesellschaft oder intransparente Entscheidungsprozesse.
- Beide Konfliktparteien setzen Argumente strategisch und medienwirksam ein. Die Gegner bezweifeln die Argumente der Projektträger systematisch auf allen Ebenen. Auf der Metaebene wird dabei stets versucht, der eigenen Position den Anschein von demokratischer Legitimität und Wissenschaftlichkeit zu geben.
- Die Bürgerinitiativen benutzen alle rechtlichen und politischen Mittel, die ihnen im Kampf gegen das Projekt zur Verfügung stehen, um ein Projekt zu verhindern. Der organisierte Widerstand führt in der Regel zu erheblichen Verzöge-

© Springer Fachmedien Wiesbaden 2016
J. Gobert, *Widerstand gegen Großprojekte,* essentials,
DOI 10.1007/978-3-658-12309-3

rungen bei der Projektrealisierung. Verhindert werden Projekte aber nur äußerst selten. Die höchsten Erfolgschancen haben die Initiativen, wenn sie es schaffen, den Konflikt zu politisieren bzw. ihm eine politische Symbolkraft zu verleihen.

Literaturhinweise und Lesetipps

Bertelsmann Stiftung, Stiftung Mitarbeit: Beteiligungskompass, URL: www.beteiligungskompass.org/

Bertelsmann Stiftung, Mehr Transparenz und Bürgerbeteiligung.Prozessschritte und Empfehlungen am Beispiel von Fernstraßen, Industrieanlagen und Kraftwerken, Kostenloser Download unter: https://www.bertelsmann-stiftung.de/en/publications/publication/did/mehr-transparenz-und-buergerbeteiligung/

Bundesministerium für Verkehr und digitale Infrastruktur (Hrsg.) (2014): Handbuch für eine gute Bürgerbeteiligung. Planung von Großvorhaben im Verkehrssektor. Kostenloser Download unter: http://www.bmvi.de/SharedDocs/DE/Anlage/VerkehrUndMobilitaet/handbuch-buergerbeteiligung.pdf?__blob=publicationFile

Bundeszentrale für Politische Bildung (Hrsg.) (2012): Protest und Beteiligung, Aus Politik und Zeitgeschichte, 62. Jahrgang, 25–26/2012.

Bund für Umwelt und Naturschutz Deutschland (2013): 1 × 1 der Bürgerbeteiligung vor Ort.

Dialog schafft Zukunft – Fortschritt durch Akzeptanz (2014) Erweiterung des Werkzeugkastens Dialog und Beteiligung. Kostenloser Download unter: http://www.dialog-schafft-zukunft.nrw.de/fileadmin/redaktion/PDF/Erweiterung_Werkzeugkasten.pdf

Marg, Stine, Lars Geiges, Felix Butzlaff, Franz Walter (Hrsg.) (2013): Die neue Macht der Bürger. Was motiviert die Protestbewegungen?: BP-Gesellschaftsstudie. Reinbek: Rowohlt.

Staatsministerium Baden-Württemberg (Hrsg.) (2014): Leitfaden für eine neue Planungskultur. Kostenloser Download unter: http://beteiligungsportal.baden-wuerttemberg.de/fileadmin/redaktion/beteiligungsportal/StM/Planungsleitfaden.pdf

Verband Deutscher Ingenieure (2015): Frühe Öffentlichkeitsbeteiligung für Industrie- und Infrastrukturprojekten; Leitfaden für Stakeholder-Management und Kommunikation, Beuth Verlag.

Ziekow, Jan (2012): Neue Formen der Bürgerbeteiligung? Planung und Zulassung von Projekten in der parlamentarischen Demokratie; Gutachten D zum 69. Deutschen Juristentag. München: Beck.